Sprachfreunde 2

5-Minuten-Training
Richtig schreiben

Erarbeitet von
Katrin Junghänel

VOLK UND WISSEN

Sprachfreunde 2

5-Minuten-Training
Richtig schreiben

Erarbeitet von
Katrin Junghänel

Redaktion: Susanne Knipper, Kirsten Pauli
Illustrationen: Barbara Schumann, Uta Bettzieche (Hund, Detektiv)
Umschlaggestaltung: tritopp, Berlin
Umschlagillustration: Barbara Schumann, Uta Bettzieche
Layout und technische Umsetzung: tritopp, Berlin

www.cornelsen.de

1. Auflage, 3. Druck 2020

Druck: AZ Druck und Datentechnik GmbH, Kempten

ISBN 978-3-06-083663-5

Das kann ich schon

1 Wörter aus Silben bauen

le	tur	schrei	zäh
nen	len	sen	ben

Ich kann

und .

2 Purzelwörter lesen

e a d n b

p e n s ie l

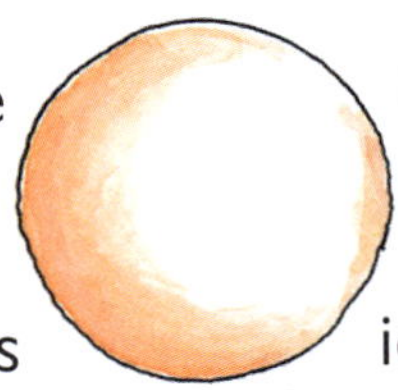

n u h s e c

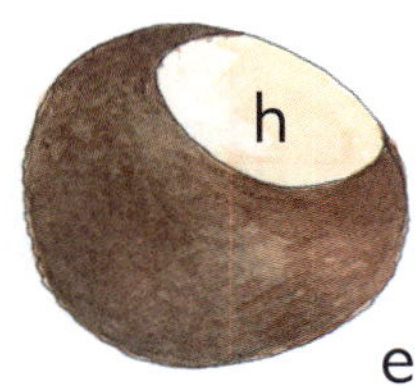

3 Ich heiße .

Meine Schule ist in .

1 Schreibe die Substantive auf!

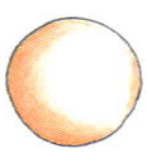

2 Markiere alle Selbstlaute!

Lesebuch, Federtasche, Trinkflasche, Fußball, Sporthalle, Malfarben, Schultafel

Beachte:
In jeder Silbe muss ein Selbstlaut stehen.

1 Ergänze die Tabelle! Unterstreiche, was sich ändert!

Einzahl	Mehrzahl
der Kamm	die Kämme
das Loch	
	die Bücher
die Wand	
	die Dörfer
die Nuss	

2 Setze nur passende Wörter ein!

3 2 1 4

Augen, Eule, Feuer, Kreide, Leute, Träume, Seife, Bäume

Der Lehrer schreibt mit ________.

Die ________ jagt in der Nacht.

Ich sehe mit meinen ________.

Nachts habe ich schöne ________.

1 Schreibe immer den richtigen Artikel in die Lücke!

der Tisch, _____ Tafel, _____ Heft,

_____ Tag, _____ Becher, _____ Schere,

_____ Paket

Was gehört nicht in die Reihe?
Streiche es durch!

2 Schreibe die richtigen Wörter
mit dem unbestimmten Artikel auf!

ein Apfel,

Sei nicht dumm und merk dir bloß,
Substantive schreibt man groß.

1 Setze Silbenbögen!

Regal, Pflanze, Lehrerin,

Turnbeutel, Buch, Blume,

Kind, Stift, Pausenbrot

2 Ordne die Wörter aus Aufgabe 1 richtig ein!
Markiere alle Selbstlaute!

eine Silbe

zwei Silben

drei Silben

1 Welche Wörter sind in den Igeln versteckt? Schreibe sie auf!

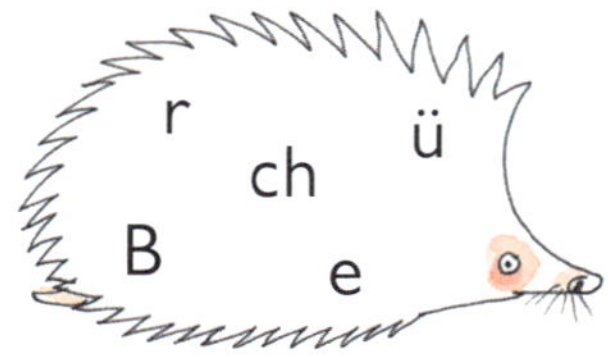

2 Finde zu jedem Wort aus Aufgabe 1 ein passendes Adjektiv! Schreibe Sätze!

saftig, trocken, lustig, faul, bunt, bitter, fleißig

Die Biene ist

1 Male alle Adjektive mit **sch** am Anfang farbig an!
Schreibe sie auf!

A	L	S	C	H	W	E	R	M	E
B	S	C	H	L	I	M	M	S	K
V	Ä	F	S	C	H	Ö	N	W	Q
X	S	C	H	N	E	L	L	R	O
Z	H	S	C	H	W	A	R	Z	F
E	T	I	S	C	H	L	E	R	G

2 Trage die Adjektive aus Aufgabe 1 an der richtigen Stelle ein! Markiere, was sich ändert!

ein ______ Läufer

eine ______ Aufgabe

die ______ Gewitterwolken

ein ______ Unfall

ein ______ Herbstblatt

1 Setze die fehlenden Buchstaben ein!

A B C _ E _ _ H I J _ _ _ N

O _ Q _ _ T U _ _ X _ Z

2 Ordne nach dem Alphabet!
Schreibe die Wörter richtig auf!

 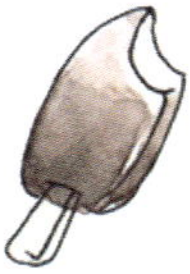  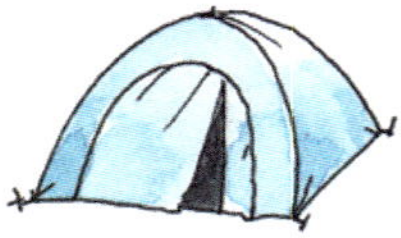

3 Geheimschrift! Schreibe die Wörter auf!

a = □ e = ○ i = △ o = ☆ u = ◊

Bl◊me R△○se M☆nd H□se l○rn○n

m□l○n gr☆ß l□ng w○△t

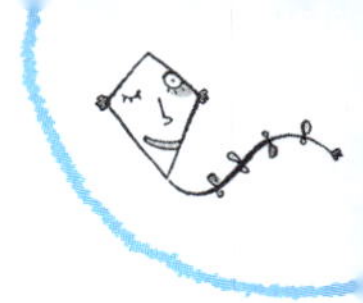

Die fallen Blätter bunten.

So ist es richtig: Die bunten Blätter fallen.

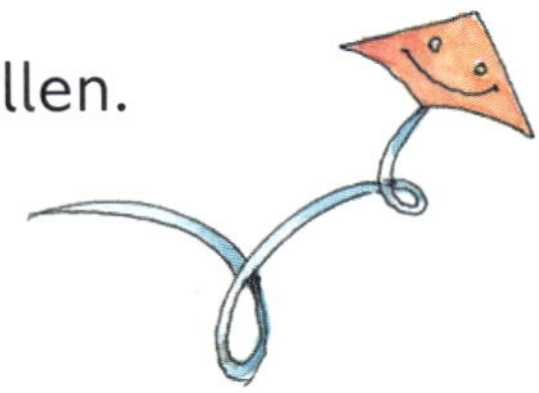

1 Kannst du das auch?

viele Wir sammeln Kastanien.

lustige Wir Tiere basteln.

Ordne die Wörter nach dem Alphabet und trage sie dann in der richtigen Reihenfolge ein!

FOTO
SÄGE
BEVOR
UFER
LERNEN
GARTEN
TEXT

Was versteckt das Eichhörnchen im Herbst?

Lösungswort:

1 Ergänze in den Blättern die Endungen der Personalformen!

1 Immer drei Wörter reimen sich.
Male sie in der gleichen Farbe an!

geben	fragen	kleben
liegen	leben	fliegen
sagen	wiegen	schlagen

2 Setze passende Verben aus Aufgabe 1
in der richtigen Form ein!

Moritz ____________ nach dem Weg.

Tessa ____________ ein Bild ein.

Ich ____________ gerne am Strand.

Die Uhr ____________ laut fünfmal.

Die Störche ____________ im Herbst davon.

____________ du mir deine Hand?

1 Suche alle Wörter mit **V/v**! Markiere sie farbig!

H	I	O	V	A	S	E	O	F	G
K	V	O	G	E	L	N	X	I	S
R	P	S	M	T	T	V	I	E	L
O	P	V	A	T	E	R	Ü	M	L
V	I	E	R	V	O	R	B	E	I
S	T	V	A	M	P	I	R	X	I
O	V	U	L	K	A	N	I	U	S
A	R	D	V	E	R	K	E	H	R

2 Schreibe nur die gefundenen Substantive mit Artikel auf! (6)

3 Finde die Wörter im Wörterbuch!
Schreibe Seite und Spalte auf!

	Seite	**Spalte**		**Seite**	**Spalte**
liegen			zeigen		
fragen			üben		
arbeiten			schreiben		

Hörst du das Ende nicht genau,
verlängere, dann bist du schlau!

1 **g** oder **k**? Bilde immer die Mehrzahl!

der Weg, denn ▸ ____________

der Zu ___ , denn ▸ ____________

der Flu ___ , denn ▸ ____________

der Ta ___ , denn ▸ ____________

Lies genau und fülle dann die Tabelle aus!

Lukas hat 3 Hefte.
Leon bringt doppelt so viele Stifte mit.

		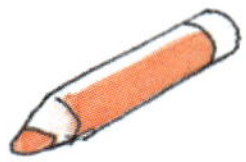
Name	▸	▸
Anzahl	▸	▸

3 

Bist du fit?

1 Ordne die Wörter nach dem Alphabet!
Schreibe sie geordnet auf! | 2

Wand, Heft, Tisch, Lampe, Buch, Zimmer

2 Immer zwei Silben gehören zusammen.
Male sie in der gleichen Farbe an! | 6

Au	se	gel	Mes
le	Ga	to	Na
Vo	ser	Schu	bel

Schreibe die Wörter mit Artikel auf!

3 Bilde immer die Mehrzahl! | 4

der Apfel – die

das Buch –

der Garten –

das Buch –

4 Setze nur passende Adjektive ein! | 4

schwer, lustig, stark, bunt, süß, braun

ein ______ Blatt, die ______ Kastanie,

die ______ Tasche, ein ______ Wind

5 Trenne die Wörterschlange!
Schreibe den Satz auf! | 2

DERIGELRASCHELTIMLAUB.

______

Du hast ______ von 18 Punkten erreicht.

1 Schreibe in jeden Turm die drei richtigen Wörter!

Schlaf Täubchen Spindel Schuh Apfel Hecke Spiegel Zwerge Asche

-chen und **-lein** machen viele Dinge klein.

2 Ordne die Dinge aus dem Zwergenhaus nach dem Alphabet! Schreibe sie auf!

Stühlchen, Tischlein, Messerchen, Gäbelchen, Bettchen, Löffelchen

1 Setze die fehlenden Selbstlaute ein!

2 Finde Reimpaare! Male sie in der gleichen Farbe an!

Buch	weich	Licht	reich
Gesicht	besuchen	Tuch	Kuchen

3 Schreibe die gefundenen Paare richtig auf!

ch wie bei ach

ch wie bei ich

- ~~Stube kehren~~
- Stiefel putzen
- Tisch decken
- Hände waschen
- Blumen gießen
- Türe schließen

1 Schreibe weitere Aufforderungen an die Zwerge!

Kehrt die Stube!

Was fällt dir an dem Bild auf?
Schreibe es auf!

1 Der Prinz will Dornröschen wecken. Finde den richtigen Weg und sammle die Buchstaben ein! So erfährst du, wer ihn daran hindern will.

So ein Kuddelmuddel!
Wie heißen die Märchenfiguren wirklich?

Wittchenschnee – Schneewittchen

Brödelaschen –

Königsfrosch –

Hexenknusper –

Stilzchenrumpel –

Röschendorn –

1 Bilde zusammengesetzte Substantive!
Schreibe sie mit Artikel auf!

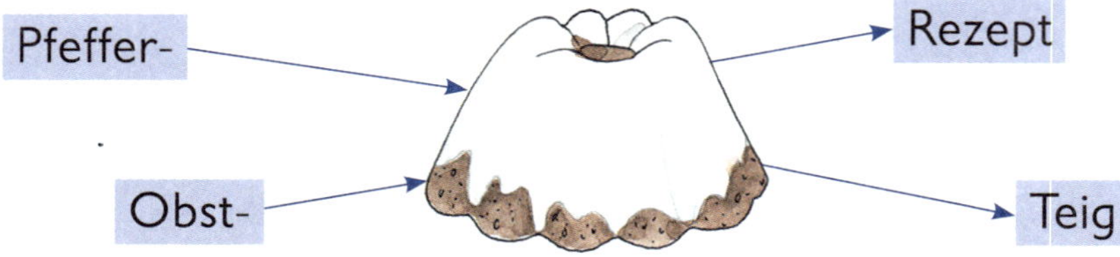

2 Kannst du die halben Wörter trotzdem lesen? Schreibe sie richtig auf!

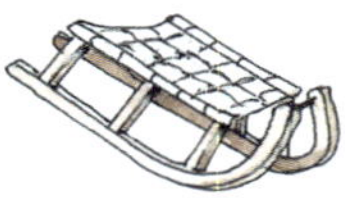

WINTER KÄLTE SCHNEE SCHLITTEN

EISLAUFEN MÜTZE SCHAL

1 Schreibe in jedes Päckchen eine Wortfamilie!

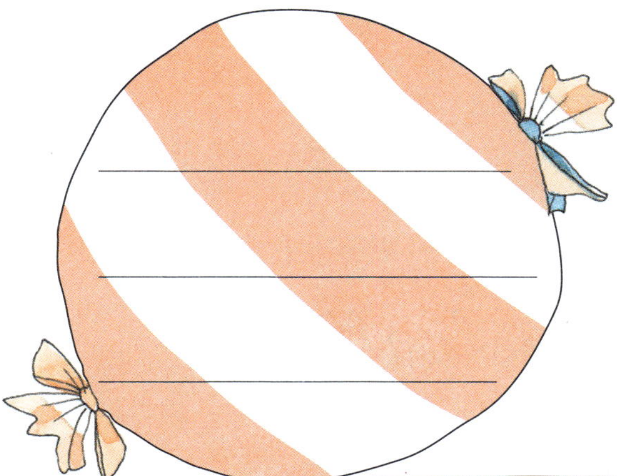

einstecken
schmücken
drucken
der Schmuck
bedrucken
der Stecker
die Druckerei
geschmückt
verstecken

1 Setze **backen** oder **packen** in der richtigen Form ein!

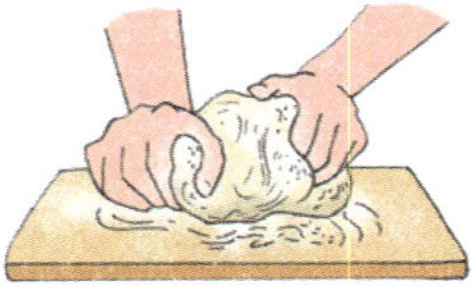

Ich ______ meine Schultasche.

Oma will heute Kuchen ______.

Wir ______ Weihnachtsplätzchen.

Papa ______ unseren Urlaubskoffer.

______ du die Geschenke ein?

2 So ein Kuddelmuddel!
Setze die Substantive richtig zusammen!

Bahnlaufeis – die Eislaufbahn

Schuhfellhand – der

Hausfuttervogel – das

Bahnrennrodel – die

1 Schreibe die richtigen Wörter auf die Dominosteine!

2 Schreibe die Wörter aus Aufgabe 1 auf! Bilde immer die Mehrzahl!

der Kamm – die Kämme

1 Setze **St** oder **Sp** richtig ein!

___ ern ___ iegel ___ raße ___ adt ___ ur

___ rumpf ___ itzer

2 Setze nun die Wörter aus Aufgabe 1 an der richtigen Stelle ein!

Der ___ leuchtet am Himmel.

Im Schnee sah ich die ___ des Hasen.

Auf der ___ fahren die Autos.

In meinem ___ ist ein Loch.

Mit dem ___ werden meine Stifte spitz.

Im ___ kann ich mich sehen.

Trage die Wörter richtig in die Schlösser ein!

Stifte Stein Straßen Stern Spiel

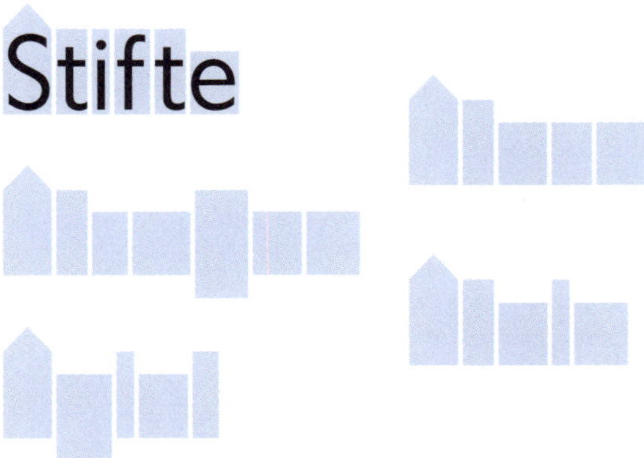

1 Ordne die Wörter nach dem Alphabet!
Schreibe sie geordnet auf!

fleißig mutig witzig stark nett klug hilfsbereit

1 Geheimschrift! Schreibe die Wörter auf!

a = □ e = ○ i = △ o = ☆ u = ◊

B□ch F△sch k☆ch○n w△sch○n

T△sch○ M□sch○n M△lch l□ch○n

2 Ordne die Wörter aus Aufgabe 1 richtig zu!

ch

sch

1 Setze die kleinen Wörter richtig ein!

ich
mich dich
sich ich

Kinobesuch

Heute gehe ________ mit Laura ins Kino.

Sie freut ________ schon sehr auf den Film.

„Holst du ________ ab?“, fragt Laura.

„Ja, ich bringe ________ auch wieder nach Hause“,

antworte ________ .

2 In jedem Wort hat sich das kleine **ich** versteckt.
Suche es und markiere es farbig!

Licht, sicher, wichtig,

Vorsicht, richtig,

Dichter, nicht

Bist du fit?

1 Setze immer ein passendes Adjektiv in die Lücke ein! | 6

fleißig, krank, gefräßig, schön, golden, klein

die ____________ Prinzessin, der ____________ Zwerg,

die ____________ Großmutter,

der ____________ Wolf,

die ____________ Goldmarie,

die ____________ Kugel

Finde selbst eine solche Märchen-Wortgruppe! | 1

____

2 Finde immer die Mehrzahl! Schreibe sie daneben! | 4

Apfel – ____________ Wald – ____________

Blatt – ____________ Ast – ____________

3 Setze die kleinen Wörter
ich, **dich**, **mich**, **sich** richtig ein! | 4

__________ besuche heute meine Oma.

Sie freut __________ sehr.

Sogar einen Kuchen hat sie für __________ gebacken.

„Ich habe __________ lange nicht gesehen“, sagt Oma.

4 Immer zwei Substantive gehören zusammen.
Zeichne Striche! | 3

Regen Herbst Heft Rad

Seite Schirm Fahrer Laub

5 Schreibe die zusammengesetzten Wörter
mit Artikel auf! | 4

Du hast ☐ von 22 Punkten erreicht.

1 Male passende Silben in der gleichen Farbe an!

Kro	Knos	Os	Nes	Bie	Früh
tern	nen	ter	pen	ling	kus

2 Ergänze die Sätze mit Wörtern aus Aufgabe 1!

Der ______________ ist eine schöne Jahreszeit.

Schon zeitig blüht der ______________.

Die Vögel bauen ______________.

Fleißige ______________ sammeln Nektar.

An den Bäumen sind dicke ______________.

Ein Wort ist übrig.
Schreibe einen eigenen Satz auf!

____

____

1 Baue aus den Bausteinen viele Wörter!
Schreibe sie auf!

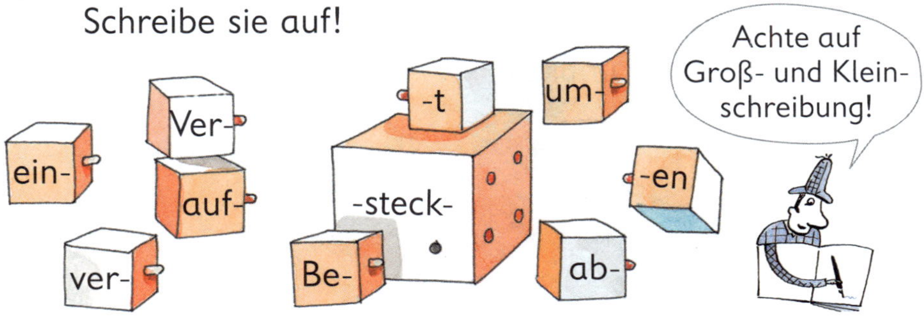

einstecken,

2 So ein Kuddelmuddel!
Schreibe die Sätze richtig auf!

Im Frühling

Bunte Krokusse singen wieder.
Die Vögel blühen früh am Morgen.

1 Der Osterhase sucht den Weg zu seinen Malsachen.
Unterwegs sammelt er Buchstabeneier ein.
Was sieht er überall?

Lies ganz genau!
Male dann die Osternester fertig!

Lisa bekommt kein Spiel.
In einem Nest sind 3 bunte Eier.
Ben isst am liebsten Schokohasen.
Tina spielt gerne mit ihren Freunden.

1 Wie heißen die Eierwörter? Verbinde!

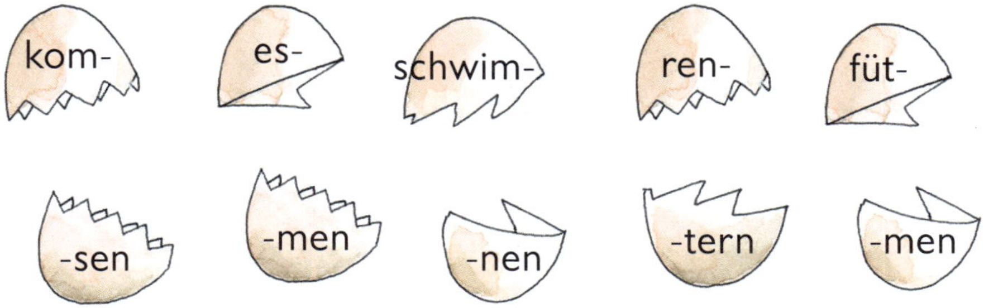

2 Schreibe die Verben aus Aufgabe 1 auf!

kommen,

3 Setze nun die Wörter an der richtigen Stelle ein!
Finde eine Überschrift!

Die Zugvögel __________ aus dem Süden zurück. Wir __________ über die Wiese. Die Vogeleltern __________ ihre Jungen. Heute __________ wir Ostereier.

1 Setze richtig zusammen!

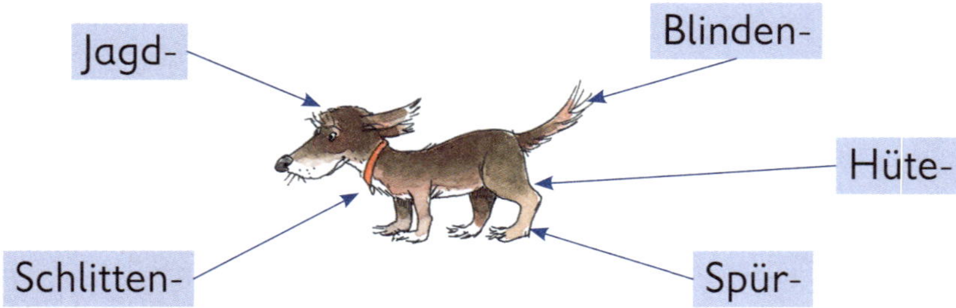

Schreibe so:

der Jagdhund,

2 Setze die passenden Verben ein!

riecht, treibt, zieht, führt

Der Schlittenhund ______ den Schlitten.

Der Blindenhund ______ den Menschen.

Der Spürhund ______ die Gefahr.

Der Hütehund ______ die Schafe.

1 Schreibe die Adjektive in die passende Zeile!

schwarzes schlanker

viel langer gemütlicher vier

Steckbrief: Mein Hund

Aussehen:

Fell

Pfoten

Körper

Schwanz

Pflege:

Auslauf

Korb

Kannst du die Reihe fortsetzen?
Wie viele Tiere findest du?

Kame**l** – **L**öw**e** – **E**lefan**t** – **T**ige**r** – **R**e**h** – **H**… –

Ich habe ____ Tiere gefunden.

1 Reime! Die Bilder helfen dir!

die Tatze – die

die Pfütze – die

der Satz – der

2 Setze passende Wörter aus Aufgabe 1 ein!

Die ____ putzt ihr Fell.

Ein kleiner ____ badet in der ____.

Wo ist meine warme ____?

Sprichst du den Selbstlaut kurz und schnell, sind Doppelbuchstaben zur Stell.

1 Setze die richtigen Buchstaben ein!

Liebe Oma,

hier im Urlaub ist es richtig to ___ . (l/ll)

Im Zoo ha ___ en wir A ___ en, (b/bb) (f/ff)

Bü ___ el und gefährliche Ti ___ er gesehen. (f/ff) (g/gg)

Auch giftige Spi ___ en und ganz (n/nn)

bunte Vö ___ el konnten wir sehen. (g/gg)

Morgen mü ___ en wir leider wieder zurück. (s/ss)

Liebe Grüße
dein Tommy

1 Schreibe alle Zusammensetzungen auf, die du finden kannst!

Im Urlaub kann man:

ver- mit-

reisen

ab- durch-

verreisen,

Im Freibad kann man:

unter- ab-

tauchen

auf- durch-

auftauchen,

1 Finde die Wörter im Wörterbuch!
Schreibe Seite und Spalte auf!

	Seite	**Spalte**
schwimmen		
Wasser		
Gras		
baden		

2 Kannst du die Bilderwörter erraten?
Schreibe sie auf!

St = Streifen

Gir =

Re =

Sfe =

2g =

N8 =

1 Susi will verreisen. Sie sucht ihre Schwimmflossen.
In welches Land will Susi fahren?

2 Die zwei Wörter beginnen immer mit dem gleichen Buchstaben. Trage ihn ein!

	A	M	M
I			
N			
O			

	O	N	N	E
E				
E				

	O	O	T
E			
E			
T			

	A	S	S	E
I				
S				
C				
H				

	R	O	T
R			
I			
E			
F			

1 Hier haben sich zwei Wortfamilien versteckt.
Ordne sie richtig in die Tabelle ein!

kaufen, laufen, verkaufen, Läufer, Verkäuferin, Bauer, gekauft, gelaufen, häufig, Kauf, Lauf, mitlaufen

Wortstamm: -kauf	**Wortstamm:**

2 Zwei Wörter haben sich in Aufgabe 1 eingeschlichen! Streiche sie durch!

3 Schreibe für jeden Wortstamm noch ein eigenes Wort dazu!

Bist du fit?

1 Prüfe, ob ein oder zwei Mitlaute fehlen!
Setze die Buchstaben richtig ein! | 10

der Te ___ er (l/ll)	die Sä ___ e (g/gg)
die Kla ___ er (m/mm)	der O ___ en (f/ff)
der Ko ___ er (f/ff)	das So ___ a (f/ff)
der Kä ___ e (s/ss)	der Hu ___ (t/tt)
der La ___ en (p/pp)	die Bu ___ er (t/tt)

2 Ordne die Satzteile und schreibe den Satz richtig auf!
Der Satzanfang ist gut zu erkennen. | 4

hat | Die Giraffe | einen langen Hals.

zum gesunden Frühstück. | Ein Stück Obst | gehört

3 Welche Wörter gehören zu einer Wortfamilie?
Male die Kästchen in der gleichen Farbe an! |3

schreiben	Besitzer	abschreiben	Lesung
Leser	ablesen	Sitzung	Schreiber
aufsitzen	Schreibheft	lesen	sitzen

4 Finde für jede Familie ein weiteres Wort!
Schreibe es auf und unterstreiche es
mit der gleichen Farbe wie in Aufgabe 3! |3

5 Finde die Wörter im Wörterbuch!
Schreibe immer Seite und Spalte auf! |3

	Seite	**Spalte**
prüfen		
fremd		
Schere		

Du hast ☐ von 23 Punkten erreicht.

Wer hat die Bücher wohl ausgeliehen?
Lies genau! Schreibe die Namen der Kinder dann in die richtige Spalte!

In ihrer Freizeit reitet Tina gerne.
Lea liest Geschichten von Hexen und Prinzessinnen.
Tim interessiert sich für seltene Blumen.
Max träumt von wilden Abenteuern auf hoher See.
Alex liest am liebsten von kniffligen Kriminalfällen.

Märchen-buch	**Piraten-buch**	**Pflanzen-lexikon**	**Pferde-buch**	**Detektiv-geschichte**

1 Was liest du am liebsten?
Schreibe Sätze!

1 Trenne die Wörterschlangen!
Schreibe die Sätze richtig auf!

ICHESSEGERNEOBSTSALAT.

AUCHGEMÜSEISTSEHRGESUND.

2 Verbinde immer die Gegensätze!

breit	laut	hart	alt	gut	weit
böse	jung	eng	schmal	leise	weich

3 Setze immer ein passendes Adjektiv richtig ein!

Im Märchenbuch gibt es die ______ Hexe,

die ______ Fee, einen ______ Weg,

ein ______ Bett und einen ______ Fluss.

1 Setze die Personalformen von **lesen** richtig ein!

Tim und Leon ________ gerne Bücher über Indianer. Alex ________ am liebsten Krimis. Spannende Abenteuerbücher ________ Max und Paul. Ich ________ vor allem Tierbücher. Was ________ du gerne?

2 Ordne die Bücher nach dem Alphabet!
Schreibe sie geordnet auf!

Lesebuch, Krimi, Comic, Märchenbuch, Sachbuch

____

____

3 Finde die Reimwörter!
Male sie in der gleichen Farbe an!

Ruß	weiß	Straße	süßen	groß
grüßen	Maße	Fuß	Floß	heiß

1 Setze die Wörter aus Aufgabe 3 auf Seite 48 an der richtigen Stelle ein! Schreibe so:

Im Urlaub fuhr ich mit dem Floß,
der Spaß dabei war riesengroß.

Auf dem Dach der Schnee ist ____________,
Muttis Suppe ist sehr ____________.

Mit Zucker kannst du Milchreis ____________,
die Freundin lässt dich herzlich ____________.

Der Schornsteinfeger ist voll ____________,
in einem Schuh, da steckt ein ____________.

Die Autos fahren auf der ____________,
der Schneider braucht genaue ____________.

1 Reime weiter!

Schulgespenster

Schulgespenster heulen leise,
auf besondere Art und W ______________,
und man hört sie in den Zimmern
stöhnen, flüstern und auch w ______________.

Schulgespenster fliegen sacht,
leise in ganz dunkler N ______________.
Sie verknoten gerne Tücher,
machen Kleckse in die B ______________.

Schulgespenster sind nie krank,
sie beschmieren deine B ______________,
schweben durch die Luft wie Seide,
klau'n dem Lehrer gern die K ______________.

Schulgespenster woll'n nicht hören,
möchten dich beim Lernen st ______________.
Siehst du ihren Schatten dort?
Komm, wir scheuchen sie jetzt f ______________!

2 Übe, das Gedicht betont vorzulesen!

Löse das Bilderrätsel!
Schreibe die zusammengesetzten Substantive mit Artikel auf!

 + Zeit = ______________________

Seife +  = ______________________

Hühner +  = ______________________

1 Ersetze den ✱ durch **eu** oder **ei**!
Schreibe die Wörter richtig auf!

der Fr✱nd, die L✱te, die S✱fe, die Z✱t,
die Fr✱de, f✱n, die Fr✱ndin, h✱te, n✱, das ✱

1 Wörter mit **ee** und **aa** gesucht!
Setze richtig zusammen!

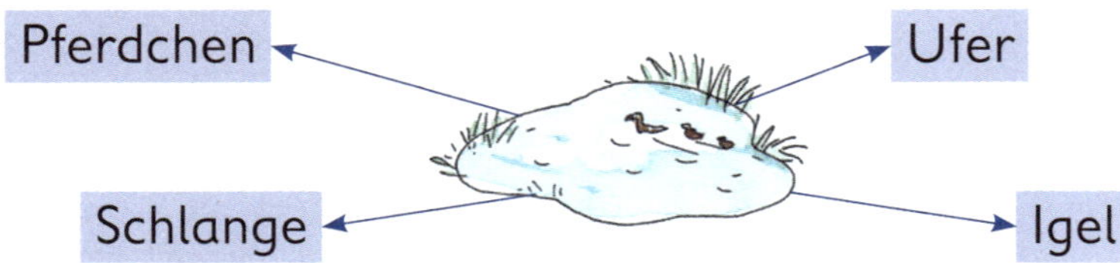

Schreibe so:

das Seepferdchen,

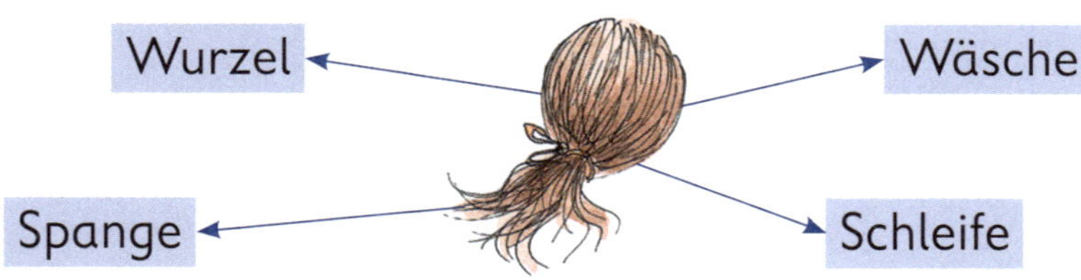

1 Trage das lange **ie** in die richtigen Wörter ein!

die L ___ be	das Sp ___ l
der H ___ t	die W ___ ge
die Fl ___ ge	die T ___ sse
die L ___ ge	das Z ___ l

2 Suche immer das passende Substantiv! Schreibe so:

spielen – das Spiel

wiegen – ___

fliegen – ___

zielen – ___

3 Setze die Verben aus Aufgabe 2 an der richtigen Stelle ein!

mit Freunden ___

im Hubschrauber ___

auf Tore ___

Schreibe die Kuddelmuddel-Wörter richtig auf!

Garteneis und Schokoteich
locken uns zum Baden gleich.
Auch Sonnenball und Gummischein
pack ich in die Tasche ein.

das Schokoeis,

1 Schreibe jedes Wort in die richtige Spalte!

Sei nicht dumm und merk dir bloß,
Substantive schreibt man groß!

ZAHN, FAHREN, NEHMEN, JAHR, UHR, WOHNEN

Substantive	Verben

1 Kennst du die vier Jahreszeiten?

S

F

He

W

2 Ordne die Koffer mit den Monaten nach dem Alphabet!

1 Welcher Wochentag ist es?

Mngato

Montag

Mathe üben

Dgnnorstea

Fußball spielen

Mwtticho

Oma besuchen

Feigrta

ins Kino gehen

Dgtaiesn

schwimmen gehen

Smsagat

Mutti helfen

Snnotga

ausschlafen

Suche dir aus Aufgabe 1 auf Seite 56
3 Wochentage aus! Schreibe die Sätze dann so auf:

Am Montag übe ich Mathe.

1 Kreuze die richtigen Sätze an!

Moritz schießt ein Tor.	☐	E
Moritz gießt ein Tor.	☐	M
Paul taucht im Rad.	☐	A
Paul taucht im Bad.	☐	I
Timo springt sehr weit.	☐	S
Timo springt im Kleid.	☐	E

Lösung: ☐☐☐

Bist du fit?

1 Verbinde die passenden Silben! | 4

neh Feh zäh fah

ren men ler len

2 Setze die Verben aus Aufgabe 1 in der richtigen Personalform in die Sätze ein! | 3

Zum Schuljahresende ______ die Klasse 2a in den Zoo. Die Lehrerin ______ alle Kinder. Jeder Schüler ______ seinen Rucksack mit.

3 Finde alle Adjektive! Umkreise sie grün! | 2

ICH SCHÖN MALEN KANN
LEISE EIN FÄLLT BLATT

4 Aus jeder Zeile kannst du einen sinnvollen Satz bauen. Schreibe beide Sätze richtig auf! | 4

______

______

5 Male die Reimwörter gleichfarbig an! | 1

weiß	reich	hell
weich	schnell	heiß

6 Setze die Wörter aus Aufgabe 5 richtig ein!
Achte immer auf die Endung! | 6

viel ______ Schnee, ein ______ Tee,

ein ______ Bett, ein ______ König,

ein ______ Auto, ein ______ Stern

7 Ordne die Wörter nach dem Alphabet!
Schreibe sie geordnet auf! | 2

Markt, abwaschen, Zimmer, helfen, Wolke, decken, Flugzeug

______

______

______

Du hast ______ von 22 Punkten erreicht.

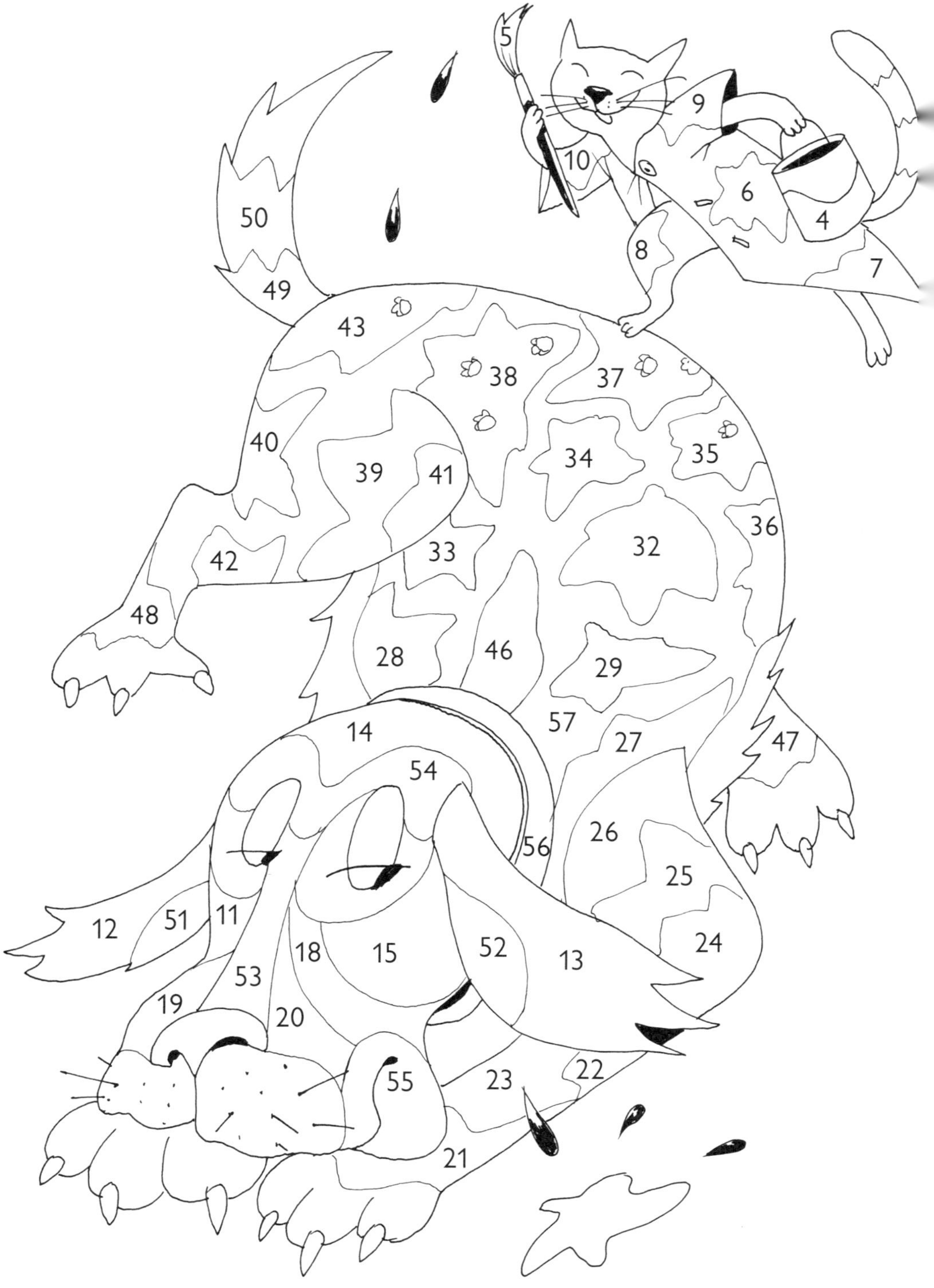
5
9
10
6
4
50
8
7
49
43
38
37
40
39
41
34
35
36
32
33
42
48
28
46
29
57
14
27
47
54
26
56
25
12
51
11
18
15
52
13
24
53
19
20
55
23
22
21

Lösungsseite

Seite 3
Nr. 1 Ich kann lesen, turnen, schreiben und zählen.
Nr. 2 baden spielen suchen
Nr. 3 individuelle Lösung

Seite 4
Nr. 1 Igel, Buch, Kind, Rose, Esel, Ball, Baum
Nr. 2 Lesebuch, Federtasche, Trinkflasche, Fußball, Sporthalle, Malfarben, Schultafel

Seite 5
Nr. 1 der Kamm – die Kämme, das Loch – die Löcher, das Buch – die Bücher, die Wand – die Wände, das Dorf – die Dörfer, die Nuss – die Nüsse
Nr. 2 Der Lehrer schreibt mit Kreide. Die Eule jagt in der Nacht. Ich sehe mit meinen Augen. Nachts habe ich schöne Träume.

Seite 6
Nr. 1 der Tisch, die Tafel, das Heft, der Tag, der Becher, die Schere, das Paket
Der Pinsel gehört nicht in die Reihe.
Nr. 2 ein Apfel, eine Erdbeere, eine Tomate, eine Birne

Seite 7
Nr. 1 Regal, Pflanze, Lehrerin, Turnbeutel , Buch, Blume, Kind, Stift, Pausenbrot
Nr. 2 eine Silbe: Stift, Buch, Kind
zwei Silben: Regal, Pflanze, Blume
drei Silben: Lehrerin, Turnbeutel, Pausenbrot

Seite 8
Nr. 1 Biene, Bücher, Blume, Birne
Nr. 2 Die Biene ist fleißig. Die Bücher sind lustig. Die Blume ist bunt. Die Birne ist saftig.

Seite 9
Nr. 1

A	L	S	C	H	W	E	R	M	E
B	S	C	H	L	I	M	M	S	K
V	Ä	F	S	C	H	Ö	N	W	Q
X	S	C	H	N	E	L	L	R	O
Z	H	S	C	H	W	A	R	Z	F
E	T	I	S	C	H	L	E	R	G

Nr. 2 ein schneller Läufer, eine schwere Aufgabe, die schwarzen Gewitterwolken, ein schlimmer Unfall, ein schönes Herbstblatt

Seite 10
Nr. 1 A B C D E F G H I J K L M N O P Q R S T U V W X Y Z
Nr. 2 Affe, Eis, Hose, Zelt
Nr. 3 Blume, Riese, Mond, Hase, lernen, malen, groß, lang, weit

Seite 11
Nr. 1 Wir sammeln viele Kastanien.
Wir basteln lustige Tiere.

	B	E	V	O	R	
		F	O	T	O	
	G	A	R	T	E	N
	L	E	R	N	E	N
		S	Ä	G	E	
T	E	X	T			
	U	F	E	R		

Lösungswort: Vorräte

Seite 12
Nr. 1 ich male, du malst, er malt, wir malen, ihr malt, sie malen

Seite 13
Nr. 1

geben	fragen	kleben
liegen	leben	fliegen
sagen	wiegen	schlagen

Nr. 2 Moritz fragt nach dem Weg. Tessa klebt ein Bild ein. Ich liege gerne am Strand. Die Uhr schlägt laut fünfmal. Die Störche fliegen im Herbst davon. Gibst du mir deine Hand?

Seite 14
Nr. 1

H	I	O	V	A	S	E	O	F	G
K	V	O	G	E	L	N	X	I	S
R	P	S	M	T	T	V	I	E	L
O	P	V	A	T	E	R	Ü	M	L
V	I	E	R	V	O	R	B	E	I
S	R	V	A	M	P	I	R	X	I
O	V	U	L	K	A	N	I	U	S
A	R	D	V	E	R	K	E	H	R

Nr. 2 die Vase, der Vogel, der Vater, der Vampir, der Vulkan, der Verkehr
Nr. 3 individuelle Lösung

Seite 15

Nr. 1 der Weg, die Wege – der Zug, die Züge – der Flug, die Flüge – der Tag, die Tage

Lukas 3, Leon 6

Seite 16

Nr. 1 Buch, Heft, Lampe, Tisch, Wand, Zimmer

Nr. 2 das Auto, das Messer, der Vogel, die Schule, die Nase, die Gabel

Seite 17

Nr. 3 der Apfel – die Äpfel, das Dach – die Dächer, der Garten – die Gärten, das Buch – die Bücher

Nr. 4 ein buntes Blatt, die braune Kastanie, die schwere Tasche, ein starker Wind

Nr. 5 Der Igel raschelt im Laub.

Seite 18

Nr. 1 Dornröschen: Schlaf, Spindel, Hecke
Schneewittchen: Apfel, Spiegel, Zwerge
Aschenbrödel: Täubchen, Schuh, Asche

Nr. 2 Bettchen, Gäbelchen, Löffelchen, Messerchen, Stühlchen, Tischlein

Seite 19

Nr. 1 Brunnen, Schloss, Spiegel, Kugel, Frosch, Pfefferkuchen

Nr. 2

Buch	weich	Licht	reich
Gesicht	besuchen	Tuch	Kuchen

Nr. 3 ch wie bei ach: Buch – Tuch, Kuchen – besuchen
ch wie bei ich: Licht – Gesicht, reich – weich

Seite 20

Nr. 1 Putzt die Stiefel! Deckt den Tisch! Wascht die Hände! Gießt die Blumen! Schließt die Türe!

z. B. Es sind nur 5 Zwerge.

Seite 21

Nr. 1 Dornenhecke

Nr. 2 Aschenbrödel, Froschkönig, Knusperhexe, Rumpelstilzchen, Dornröschen

Seite 22

Nr. 1 der Pfefferkuchen, der Obstkuchen, das Kuchenrezept, der Kuchenteig

Nr. 2 Winter, Kälte, Schnee, Schlitten, Eislaufen, Mütze, Schal

Seite 23

Nr. 1 einstecken, der Stecker, verstecken – schmücken, der Schmuck, geschmückt – drucken, die Druckerei, bedrucken

Seite 24

Nr. 1 Ich packe meine Schultasche. Oma will heute Kuchen backen. Wir backen Weihnachtsplätzchen. Papa packt unseren Urlaubskoffer. Packst du die Geschenke ein?

Nr. 2 der Fellhandschuh, das Vogelfutterhaus, die Rodelrennbahn

Seite 25

Nr. 1 Apfel, Blatt, Hand, Zahn, Ball

Nr. 2 der Apfel – die Äpfel, das Blatt – die Blätter, die Hand – die Hände, der Zahn – die Zähne, der Ball – die Bälle

Seite 26

Nr. 1 Stern, Spiegel, Straße, Stadt, Spur, Strumpf, Spitzer

Nr. 2 Der Stern leuchtet am Himmel. Im Schnee sah ich die Spur des Hasen. Auf der Straße fahren die Autos. In meinem Strumpf ist ein Loch. Mit dem Spitzer werden meine Stifte spitz. Im Spiegel kann ich mich sehen.

Seite 27

Straßen Stern
Spiel Stein

Nr. 1 fleißig, hilfsbereit, klug, mutig, nett, stark, witzig

Seite 28

Nr. 1 Bach, Fisch, kochen, wischen, Tische, Maschen, Milch, lachen

Nr. 2 ch: Bach, kochen, Milch, lachen
sch: Fisch, wischen, Tische, Maschen

Seite 29

Nr. 1 Heute gehe ich mit Laura ins Kino. Sie freut sich schon sehr auf den Film. „Holst du mich ab?“, fragt Laura. „Ja, ich bringe dich auch wieder nach Hause“, antworte ich.

Nr. 2 Licht, sicher, wichtig, Vorsicht, richtig, Dichter, nicht

Seite 30

Nr. 1 die schöne Prinzessin, der kleine Zwerg, die kranke Großmutter, der gefräßige Wolf, die fleißige Goldmarie, die goldene Kugel

z. B. die böse Stiefmutter

Nr. 2 Apfel – Äpfel, Wald – Wälder, Blatt – Blätter, Ast – Äste

Seite 31

Nr. 3 Ich besuche heute meine Oma. Sie freut sich sehr. Sogar einen Kuchen hat sie für mich gebacken. „Ich habe dich lange nicht gesehen“, sagt Oma.

Nr. 4 Herbst – Laub, Heft – Seite, Rad – Fahrer

Nr. 5 der Regenschirm, das Herbstlaub, die Heftseite, der Radfahrer

Seite 32

Nr. 1

Kro	Knos	Os	Nes	Bie	Früh
tern	nen	ter	pen	ling	kus

Nr. 2 Der Frühling ist eine schöne Jahreszeit. Schon zeitig blüht der Krokus. Die Vögel bauen Nester. Fleißige Bienen sammeln Nektar. An den Bäumen sind dicke Knospen.

z. B. Zu Ostern suchen wir bunte Eier.

Seite 33

Nr. 1 einstecken, verstecken, Versteck, abstecken, Besteck, umstecken

Nr. 2 Im Frühling
Bunte Krokusse blühen wieder.
Die Vögel singen früh am Morgen.

Seite 34

Nr. 1

Lösungswort: Krokusse

Tina: Spiel; Lisa: Eier; Ben: Hasen

Seite 35

Nr. 1

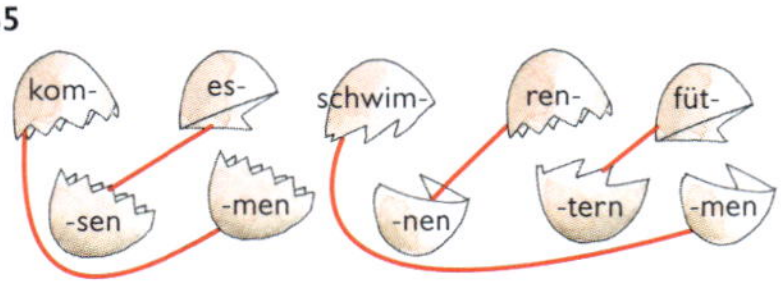

Nr. 2 kommen, essen, schwimmen, rennen, füttern

Nr. 3 z. B. Im Frühling
Die Zugvögel kommen aus dem Süden zurück. Wir rennen über die Wiese. Die Vogeleltern füttern ihre Jungen. Heute essen wir Ostereier.

Seite 36

Nr. 1 der Jagdhund, der Hütehund, der Schlittenhund, der Spürhund, der Blindenhund

Nr. 2 Der Schlittenhund zieht den Schlitten. Der Blindenhund führt den Menschen. Der Spürhund riecht die Gefahr. Der Hütehund treibt die Schafe.

Seite 37

Nr. 1 schwarzes Fell, vier Pfoten, schlanker Körper, langer Schwanz, viel Auslauf, gemütlicher Korb

Seite 38

z. B. Hund – Delfin – Nashorn – Nilpferd – Dackel – Luchs ...

Nr. 1 die Katze, die Mütze, der Spatz

Nr. 2 Die Katze putzt ihr Fell. Ein kleiner Spatz badet in der Pfütze. Wo ist meine warme Mütze?

Seite 39

Nr. 1 toll, haben, Affen, Büffel, Tiger, Spinnen, Vögel, müssen

Seite 40

Nr. 1 verreisen, mitreisen, abreisen, durchreisen
auftauchen, untertauchen, abtauchen, durchtauchen

Seite 41

Nr. 1 individuelle Lösung

Nr. 2 Streifen, Giraffe, Reise, Seife, Zweig, Nacht

Seite 42

Nr. 1

Lösungswort: Spanien

Nr. 2 Kamm – Kino, Sonne – See, Boot – Beet, Tasse – Tisch, Brot – Brief

Seite 43

Nr. 1 -kauf: kaufen, verkaufen, Verkäuferin, Kauf, gekauft
-lauf: laufen, Lauf, Läufer, gelaufen, mitlaufen

Nr. 2 Wortfamilien -kauf und -lauf
(eingeschlichen: Bauer, häufig)

Nr. 3 individuelle Lösung

Seite 44

Nr. 1 der Teller, die Klammer, der Koffer, der Käse, der Lappen, die Säge, der Ofen, das Sofa, der Hut, die Butter

Nr. 2 Die Giraffe hat einen langen Hals. Ein Stück Obst gehört zum gesunden Frühstück.

Seite 45

Nr. 3

schreiben	Besitzer	abschreiben	Lesung
Leser	ablesen	Sitzung	Schreiber
aufsitzen	Schreibheft	lesen	sitzen

Nr. 4 individuelle Lösung

Nr. 5 individuelle Lösung

Seite 46

Märchenbuch: Lea; Piratenbuch: Max; Pflanzenlexikon: Tim; Pferdebuch: Tina; Detektivgeschichte: Alex

Nr. 1 individuelle Lösung

Seite 47

Nr. 1 Ich esse gerne Obstsalat. Auch Gemüse ist sehr gesund.

Nr. 2 breit – schmal, laut – leise, hart – weich, alt – jung, gut – böse, weit – eng

Nr. 3 Im Märchenbuch gibt es die alte/böse Hexe, die gute Fee, einen weiten Weg, ein hartes/weiches Bett und einen breiten/schmalen Fluss.

Seite 48

Nr. 1 Tim und Leon lesen gerne Bücher über Indianer. Alex liest am liebsten Krimis. Spannende Abenteuerbücher lesen Max und Paul. Ich lese vor allem Tierbücher. Was liest du gerne?

Nr. 2 Comic, Krimi, Lesebuch, Märchenbuch, Sachbuch

Nr. 3 Ruß – Fuß, weiß – heiß, Straße – Maße, süßen – grüßen, groß – Floß

Seite 49

Nr. 1 weiß – heiß, süßen – grüßen, Ruß – Fuß, Straße – Maße

Seite 50

Nr. 1 Weise, wimmern, Nacht, Bücher, Bank, Kreide, stören, fort

Seite 51

die Uhrzeit, die Seifenblasen, das Hühnerei

Nr. 1 der Freund, die Leute, die Seife, die Zeit, die Freude, fein, die Freundin, heute, neu, das Ei

Seite 52

Nr. 1 das Seepferdchen, die Seeschlange, das Seeufer, der Seeigel
die Haarwurzel, die Haarspange, die Haarwäsche, die Haarschleife

Seite 53

Nr. 1 die Liebe, das Spiel, die Wiege, die Fliege, die Liege, das Ziel

Nr. 2 das Spiel, die Wiege, die Fliege, das Ziel

Nr. 3 mit Freunden spielen, im Hubschrauber fliegen, auf Tore zielen

Seite 54

das Schokoeis, der Gartenteich, der Gummiball, der Sonnenschein

Nr. 1 Substantive: Zahn, Jahr, Uhr
Verben: fahren, nehmen, wohnen

Seite 55

Nr. 1 Frühling, Sommer, Herbst, Winter

Nr. 2

Seite 56

Nr. 1 Montag Mathe üben, Dienstag schwimmen gehen, Mittwoch Oma besuchen, Donnerstag Fußball spielen, Freitag ins Kino gehen, Samstag Mutti helfen, Sonntag ausschlafen

Seite 57

Am Montag übe ich Mathe. Am Dienstag gehe ich schwimmen. Am Mittwoch besuche ich Oma. Am Donnerstag spiele ich Fußball. Am Freitag gehe ich ins Kino. Am Samstag helfe ich Mutti. Am Sonntag schlafe ich aus.

Nr. 1 Lösungswort: Eis

Seite 58

Nr. 1 neh-men, Feh-ler, zäh-len, fah-ren

Nr. 2 Zum Schuljahresende fährt die Klasse 2a in den Zoo. Die Lehrerin zählt alle Kinder. Jeder Schüler nimmt seinen Rucksack mit.

Nr. 3 schön, leise

Nr. 4 z.B. Ich kann schön malen. Ein Blatt fällt leise.

Seite 59

Nr. 5

weiß	reich	hell
weich	schnell	heiß

Nr. 6 viel weißer Schnee, ein heißer Tee, ein weiches Bett, ein reicher König, ein schnelles Auto, ein heller Stern

Nr. 7 abwaschen, decken, Flugzeug, helfen, Markt, Wolke, Zimmer